Bibliografische Information der Deutschen Nationalbibliothek
Die Deutsche Nationalbibliothek verzeichnet diese Publikation in der Deutschen Nationalbibliografie; detaillierte bibliografische Daten sind im Internet abrufbar über http://dnb.de

Emma Lidia Squillari (Text und Bilder): Alle in den Garten!
Deutsche Textfassung von Eva Roth

Atlantis, ein Imprint von Orell Füssli Verlag, www.atlantis-verlag.ch. © 2018 Orell Füssli Sicherheitsdruck AG, Zürich



Typografie: Manuel Süess, Zürich. / Litho: Photolitho Gossau, Zürich. / Druck: Grafisches Centrum Cuno, Calbe. / ISBN 978-3-7152-0726-1 / 1. Auflage 2018

# Alle in den Garten!

Emma Lidia Squillari

atlantis

Das ist Bertram. Er ist schon alt.

Und das ist Ernesto.
Zusammen wohnen sie in einem kleinen Haus am Stadtrand.

Ernesto hat einen riesigen Garten.
Blumen und Büsche wachsen hier, aber auch Gemüse: Bohnen, Mangold, Zucchini, Zwiebeln und noch viel mehr.

Ernesto harkt und sät, jätet und gießt.
Früher hat Bertram geholfen, aber mit den Jahren ist er etwas träge geworden.
Er lässt sich lieber kraulen.

Ernestos Garten ist der allerschönste weit und breit.
Das finden nicht nur Bertram und Ernesto …

Manchmal schleichen sich Tiere an.

Die Tiere buddeln und graben, schmatzen und nagen.
Und sie werden immer frecher!

Eines Nachmittags gehen Ernesto und Bertram kurz einkaufen.
Kaum sind sie weggefahren, sitzen die ungebetenen Gäste schon im Garten und fressen, so viel sie können.

Als Ernesto und Bertram zurückkommen, liegen überall entwurzelte Pflanzen, abgeknickte Blätter und angefressenes Gemüse.

Wer hat das nur getan?

Am Abend geht Ernesto traurig zu Bett.
Bertram rollt sich neben ihm ein und beginnt zu schnarchen.
Endlich schläft auch Ernesto ein.

Aber draußen raschelt es.
Blätter zittern, und ein Ast knackt.

Kleine Schatten huschen über den Zaun,
schlüpfen durch Lücken und flitzen durch den Garten.
Schon ist ein Schmatzen, Scharren und Nagen zu hören –
bis hinein in Ernestos Schlafzimmer.

»Ist da jemand?«, ruft Ernesto.

Hat er nicht etwas gehört?
Vielleicht sogar den Gemüsedieb?
Sofort springt Ernesto auf.
Er läuft in den Garten,
und Bertram hinter ihm her.

»Wau! Wau! Weg mit euch!«, bellt Bertram.
»Mein schöner Garten!«, jammert Ernesto, »ihr macht alles kaputt!
Verschwindet, und kommt nie wieder!«

Schlimm sieht der Garten aus am nächsten Morgen.
Trotzdem freut sich Ernesto:
Er hat den gefräßigen Tieren einen solchen Schrecken eingejagt,
dass sie bestimmt nie wiederkommen!

Ernesto sät neue Karotten, pflanzt junge Zwiebeln,
bindet die Tomaten wieder auf und jätet zwischen den Beeten.
Und Bertram gießt den ganzen Garten.

Jetzt wächst alles prächtig.
Jeden Tag erntet Ernesto Mais und Melonen, Kopfsalat und Tomaten, Zwiebeln, Karotten, Kürbis und vieles mehr.

Es ist so viel, dass Ernesto nicht mehr weiß, wohin damit.
Unmöglich kann er alles allein essen – und Bertram mag nur Aprikosen.

Sunday Garden Times
SHOVEL SPECIAL
BACKYARD TROUBLE
KITTEN
What can you do?

Trotzdem genießt Ernesto seine Ruhe.
Draußen ist alles still.
Schon seit Tagen hört man keine Vögel zwitschern,
keine Eichhörnchen schwatzen und keine Mäuse rascheln.

Endlich muss Ernesto keine Angst mehr um seinen Garten haben.

Nur Bertram winselt manchmal traurig. Er liegt nur noch herum.
Im Garten gibt es keine Tiere mehr, die er vertreiben kann.

Das hat Ernesto nicht gewollt.
Er hat eine Idee, damit es auch
Bertram gut geht …

Ernesto sägt, hämmert und malt.
Viele Tage lang arbeitet er.

Als er fertig ist, nimmt er den Gartenzaun weg.

Intruders Gone?
SALE
OFFER MORE!
FERTILIZE FASTER & BETTER

Bald nähern sich die ersten Spatzen und Waschbären,
dann trauen sich auch die Hasen, Eichhörnchen und Rotkehlchen herbei.
Für jedes von ihnen hat Ernesto ein kleines Haus gezimmert.
Nun können sich Ernesto und Bertram ausruhen – und alle Tiere helfen mit beim Säen, Umgraben, Jäten, Ernten und Essen.

Und manchmal schaut sogar ein Reh vorbei.